中国骄傲

主编 柳建伟

中国羽毛球——翱翔世界

北京时代华文书局

书应运而生。我们希望用这套图书播下体育强国梦的种子,我们期待这套图书让中国的体育英雄故事跃然纸上,我们憧憬这套图书让更多的孩子爱上体育……

《中国骄傲》,内容如何构成?

中国体育代表团的征战史无比灿烂,中国体育健儿的传奇征途无比辉煌,有限的篇幅难以展现全部。在此我们只能选取部分体育项目和部分运动员的故事重点描绘,在这里没有先后、主次排名,只有我们对每一个"中国骄傲"无比的敬意。

目前《中国骄傲》系列图书有十册呈现给读者,分别是:《中国女排》《中国乒乓》《中国跳水》《中国田径》《中国射击》《中国游泳》《中国体操》《中国羽毛球》《中国时刻》《中国冬奥》。

《中国骄傲》,一直在路上……

未来,《中国骄傲》系列图书也将努力呈现中国体育更多的动人篇章,包括夏奥会、冬奥会、残奥会等,我们致敬所有为中国体育倾情付出的传奇英雄。《中国骄傲》系列图书就如同体育赛场的"中国骄傲",一直在路上……

中国羽毛球，翱翔世界！

羽毛球可以说是一项老少皆宜的运动，它对场地、设备的要求并不高，在中国具有极高的普及度，是人们生活中非常喜爱参与的体育项目。在竞技体育范围内，得益于广泛的参与度，中国羽毛球运动也一直在高速发展。从艰难起步到硕果累累，中国羽毛球队一直在不断进步。

1978年，张爱玲和庾耀东分别成为中国第一个羽毛球女子单打和男子单打世界冠军；1982年，中国男子羽毛球队首次参加男子团体最高水平赛事汤姆斯杯便夺得冠军；1984年，中国女子羽毛球队把世界羽毛球女子团体锦标赛的奖杯尤伯杯揽入怀中；1995年，中国羽毛

球队首次获得世界羽毛球混合团体锦标赛的冠军,捧起苏迪曼杯。

1992年巴塞罗那奥运会,羽毛球被列为奥运会正式比赛项目。2012年伦敦奥运会,中国羽毛球队包揽男单、女单、男双、女双和混双全部五枚金牌,实现史无前例的壮举,达到前所未有的巅峰。

《中国羽毛球》从五个单项(男单、女单、男双、女双、混双)的维度,回顾中国羽毛球队波澜壮阔的奥运征途。篇幅有限,无法写尽中国羽毛球队风云激荡的传奇故事,谨在此致敬中国羽毛球队每一位留下动人瞬间的运动员。

卷首语
风雨过后，彩虹绽放

1992年巴塞罗那奥运会，
中国羽毛球队一金未得。
2012年伦敦奥运会，
中国羽毛球队包揽五金，站上巅峰。
经过起伏与奋斗，
中国羽毛球队写下了荡气回肠的奥运征战史。

国羽男单四度笑傲奥运巅峰，
在高手林立的羽坛杀出重围。
林丹四战奥运缔造卫冕神迹，
超级王者无愧羽坛传奇。
国羽女单四将豪取奥运五金，
人才辈出传承巾帼荣耀。
张宁老骥伏枥演绎神奇连冠，
大器晚成终获人生高光。

国羽男双狠狠撕掉"短板"标签,
怒吼扣杀,终圆奥运金牌梦。
"风云组合"历尽千帆,
"席卷天下",实现"零的突破"。
国羽女双五连冠伟业震古烁今,
单届奥运会让三面五星红旗同时高高飘扬。
葛菲/顾俊八战全胜,
霸气连冠,演绎不败神话。
国羽混双两度包揽冠亚军,
中国德比闪耀奥运赛场。
张军/高崚屡造逆转,
创历史卫冕,诠释不灭雄心。

中国羽毛球队从不是天生强大、战无不胜的团队,
但总有人在低谷里卧薪尝胆,
在挫折中勇毅前行,
在巅峰时再续辉煌。

目 录

1

第一章

笑傲江湖
——中国羽毛球男单

21

第二章

巾帼英雄
——中国羽毛球女单

45

第三章

"席卷天下"
——中国羽毛球男双

61
第四章

纵横四海
——中国羽毛球女双

85
第五章

披荆斩棘
——中国羽毛球混双

104
致敬
奥运会英雄谱

107
羽毛球小百科

他是超级黑马吉新鹏,实现国羽男单奥运金牌"零的突破";他是超级王者林丹,蝉联奥运冠军,演绎羽坛神话;他是勇敢坚守者谌龙,用冠军捍卫男单荣耀。在高手林立的羽毛球男单世界里,他们杀出重围,屡创辉煌。

第一章

笑傲江湖
——中国羽毛球男单

超级黑马!
国羽男单第一金

2000年悉尼奥运会羽毛球男单比赛,中国选手吉新鹏连赢各路高手,以黑马的姿态突围摘金。

其实,此前吉新鹏的国际大赛经历并不多,而且成绩不算突出,这也让他险些无缘悉尼奥运会。好在中国羽毛球队总教练李永波思考再三,还是决定带上这个小伙子。

悉尼奥运会羽毛球男单抽签结果出炉后，吉新鹏签运不佳，与陶菲克·希达亚特、皮特·盖德等名将共处一个半区，进军决赛的难度不小。

奥运会首战，吉新鹏面对中国香港选手吴蔚，在先输一局的情况下，最终总比分2比1逆转取胜，涉险过关。**本以为自己的奥运征途不会平坦，然而艰难赢下首战后，吉新鹏却开启了黑马之旅。**

以2比0的总比分赢下第二战后，吉新鹏迎战来自印度尼西亚的名将陶菲克——本届奥运会的夺金热门选手。不承想吉新鹏再度总比分2比0击败对手晋级，第二局他甚至仅让陶菲克得到5分。

半决赛面对丹麦名将盖德，吉新鹏

总比分2比1取胜。决赛中等待吉新鹏的是印度尼西亚选手叶诚万，叶诚万成名已久，成绩和名气远在吉新鹏之上。

决赛当天，吉新鹏在奥运村的草坡上紧张踱步。他不断默念："相信自己，一定能打败他。"当地时间9月23日晚，决赛打响。开局不久，吉新鹏发现叶诚万满头大汗，他意识到与他隔网而立的老将，此时比他还紧张。于是，吉新鹏迅速调整心态，首局15比4轻松取胜。

次局，吉新鹏一度陷入10比13落后的局面，但李永波依旧对他信心十足，还对吉新鹏的指导教练汤仙虎说："吉新鹏会连得5分。"果不其然，吉新鹏势如破竹，连得5分，再胜一局。**最终，吉新鹏总比分**

2比0击败对手拿到冠军，中国羽毛球在男单项目中实现了奥运金牌"零的突破"。

赛后，叶诚万强忍泪水向吉新鹏表示祝贺。他原本希望把奥运金牌作为结婚礼物送给妻子，但最终功亏一篑。吉新鹏得知此事后，向这位老将表达了安慰和敬意，两人在发布会上紧紧拥抱，他们也就此成为很要好的朋友。

四年磨砺，"超级丹"终夺奥运金牌

2000年，林丹进入国家队。2002年，不满19岁的林丹坐上世界排名第一的宝座，成为一颗璀璨的新星。2003年下半年，林丹迎来职业生涯的首个丰收期。他先后斩获丹麦公开赛、中国公开赛等赛

事的冠军，还在2004年初击败年少时的偶像、丹麦名将皮特·盖德，首次问鼎全英赛。赛后，盖德对林丹的表现大加赞赏，称他为"SUPER DAN"（超级丹）。从此，"超级丹"的名号响彻羽坛。

随后，林丹帮助中国羽毛球队在汤姆斯杯中击败此前已经在该赛事实现五连冠的印度尼西亚队，中国羽毛球队时隔14年再捧汤姆斯杯。

2004年雅典奥运会，男单世界排名第一的林丹是夺冠的热门选手，但现实给了他当头一棒。**雅典奥运会男子单打首轮，面对新加坡选手苏西洛，林丹以12比15和10比15的比分连输两局，总比分0比2被淘汰。**

世界第一在第一轮出局，林丹的沮丧溢于言表："特别失落，眼泪不自觉地就流了出来。"

但是这一次的失利成为林丹职业生涯的重要转折点,他回忆道:"我挺过来的时候,发现自己反而更加自信了。"

更自信的"超级丹",开启了他的时代。

2005年12月,林丹拿下世界杯冠军;2006年9月,他又在羽毛球世锦赛中封王。2008年北京奥运会,林丹依旧是以世界第一的身份出征。经过四年的磨砺,他已从青涩莽撞的少年变为低调成熟的干将。

前四轮比赛,林丹所向披靡,所有对手都被他总比分2比0战胜。林丹以一局未丢的姿态站上了北京奥运会羽毛球男单决赛的赛场,他将面对的是职业生涯宿敌——马来西亚名将李宗伟。

决赛首局,林丹21比12取胜,他标志

性的扣杀让李宗伟无法招架。次局,林丹开局打出11比1,奠定胜局。当林丹以20比8的比分拿到赛点时,他怒吼庆祝,场内球迷高呼:"林丹,冠军!"

最后一球,林丹奋力跃起扣杀,李宗伟回球下网。林丹用无懈可击的发挥赢得了奥运冠军,他高高跃起,兴奋地庆祝,随后躺在地上,翻身双手捶地,发泄压抑许久的情绪。 在全场球迷的欢呼声中,林丹送上招牌军礼,并将球拍和球鞋抛向为他加油的观众。

所向披靡！
奥运卫冕创伟业

2012年伦敦奥运会，林丹的目标只有一个——卫冕。他在伦敦奥运会的征程与北京奥运会相似，晋级之路顺风顺水，决赛再度对战李宗伟。只是这一次的决赛，太过艰苦。

双方前两局1比1战平，决胜局也打得十分胶着。李宗伟19比18领先，此时林丹已经站在悬崖边上。但关键的一球李宗伟判断失误，林丹扳平比分。随后林丹连续调动李宗伟，后者又出现回球失误，林丹20比19拿到赛点。

最后一球，两人上演极致的精彩对决，

将十八般武艺全部展现。面对林丹的无限调动,李宗伟满场飞奔,见招拆招。而面对李宗伟的反击,林丹也高接低挡,寻觅机会。

最终经历44拍的对决,李宗伟回球出界,林丹21比19赢下决胜局,总比分2比1实现奥运卫冕,也实现了羽毛球历史上前所未有的伟业。他张开双臂在赛场狂奔庆祝,与教练拥抱,掩面而泣,随后再次向观众送上标志性军礼。而李宗伟则坐在场上久久不愿起身,激动与落寞的情绪此时形成了鲜明的对比。英雄惜英雄,林丹给沮丧的对手送上了安慰的拥抱。

羽坛佳话！"林李大战"终谢幕

2016年里约奥运会，林丹和李宗伟再度激战。最终李宗伟击败林丹，晋级决赛。但他在决赛中输给中国选手谌龙，无缘金牌。奥运冠军对李宗伟来说，是咫尺天涯的梦。

纵观林丹的职业生涯，他两夺奥运金牌、五次世锦赛封王、两次问鼎世界杯，还曾六度捧起汤姆斯杯、五次加冕苏迪曼杯冠军，留下了让后辈仰望的辉煌成就。他是无可争议的羽毛球男单世界历史第一人，传奇生涯造就羽坛神话。

"林李大战"贯穿林丹的职业生涯，

也见证了林丹迈向伟大的征程。和李宗伟在成人组正式比赛中交手40次,林丹取得28胜12负。三次奥运会对决,成就三场传奇之战。

2019年,李宗伟退役,林丹写道:"独自上场没人陪我了。"2020年,世界羽坛"四大天王"中唯一还坚守在赛场上的林丹也宣布退役,李宗伟回应:"我最伟大的对手林丹,三缺一很久了,为你骄傲。"

冠军只有一个,但冠军不是全部。向上攀登的征程之中,有的人注定已是超越胜负的伟大赢家。这场传奇对决,没有失败者。

从铜牌到金牌，
谌龙扛起大旗

在"林李大战"的时代，中国羽毛球队有一名新星悄然崛起，他就是谌龙。2012年伦敦奥运会，在林丹和李宗伟那场传奇的决赛大战之前，谌龙已经开始展露锋芒。虽然在半决赛中输给了李宗伟，但是三四名决赛他战胜韩国选手李炫一，拿到了一枚奥运铜牌。

在林丹的巅峰时期，"超级丹"能力挽狂澜，谌龙是他身后的小将。但到了2016年里约奥运会的赛场，形势则发生转变。**林丹在男单半决赛中输给李宗伟，谌龙需要在决赛中扛起大旗，捍卫中国羽毛球男单的荣耀，他能做到吗？**

当地时间8月20日，谌龙和李宗伟隔网而立，开启对里约奥运会羽毛球男单金牌的争夺。此前两次在世锦赛决赛与李宗伟相遇，谌龙全部取胜，实现了世锦赛的两连冠。

再度相遇，李宗伟开局有些不在状态，连失4分。首局最后时刻，20比18领先的谌龙主动进攻，李宗伟回球下网。在漫天的欢呼声中，谌龙先下一城。第二局双方再次陷入鏖战，最后时刻，取得20比18领先的谌龙准确判断出李宗伟的出

界球，最终21比18再下一城，总比分2比0夺冠，中国羽毛球队则实现了男单奥运三连冠。

夺冠后的谌龙激动万分，他掩面哭泣，并用衣服蒙住自己的脸，久久不愿起身。

然而，没有人能一直赢下去。从里约奥运会到东京奥运会，5年时间谌龙的状态经历过山车式的起伏，世界排名一度跌到10名开外，他却又顽强地杀回顶级行列。

2020东京奥运会（因疫情原因延期至2021年举办）的赛场上，谌龙的脚被磨出了大大的血泡。但他带伤上阵，顽强地挺进决赛。虽然最终不敌丹麦选手安赛龙，拿到一枚银牌,但谌龙以不屈不挠的意志赢得了所有人的尊重。

历经三届奥运会,谌龙集齐了金、银、铜三枚奥运奖牌,生生从"林李争霸"之中撕开一道口子,拿下了奥运冠军。**从初出茅庐的小将,到成为国羽领军人,低谷之中,谌龙扛起大旗,勇毅前行,坚定地捍卫了中国羽毛球队的荣耀。**

她是龚智超,用"凌波微步"的招式惊艳羽坛;她是张宁,凤凰涅槃,老骥伏枥,两次获得奥运冠军;她是李雪芮,缔造三十连胜奇迹,一路封神;她是陈雨菲,靠勇气冲出低谷,为中国羽毛球"收复失地"。四名女将先后五次获得奥运冠军,在奥运会羽毛球女单的赛场,巾帼英雄将辉煌代代传承。

第二章

巾帼英雄
——中国羽毛球女单

"凌波微步"惊天下，圆梦悉尼

先天的身高条件，在羽毛球运动的竞争中非常重要。身高有优势，意味着更大的步幅和球场覆盖面积。但奥运冠军龚智超却没有这样的优势，她的身高仅有1.63米，身体还很单薄，**她是依靠着极其出色的移动，练就了"凌波微步"的本领，才闯出了属于自己的一番天地，甚至在奥运会上创造了历史。**

2000年初,龚智超在多项国际大赛中夺冠,顺利获得了参加2000年悉尼奥运会羽毛球女单比赛的资格。1992年巴塞罗那奥运会和1996年亚特兰大奥运会,中国羽毛球队在女单项目上都遗憾折戟,因此,2000年龚智超承担了突破的重任。

悉尼奥运会羽毛球女单比赛开始之后,龚智超的状态非常出色,她连续四场比赛打出2比0的总比分,强势晋级决赛。

在决赛中,龚智超的对手是来自丹麦的名将卡米拉·马丁,马丁身高1.74米,力量非常出色。在先天的身体条件方面,龚智超明显处在劣势。果不其然,开局后,马丁便利用自己的身高和力量优势,不断给龚智超施压,比分瞬间来到10

比7，马丁再得1分就将赢下第一局。

夺回发球权的龚智超稍微放缓了节奏，思考片刻后，她用"凌波微步"开启了逆转的好戏。龚智超利用自己移动快的优势，不断通过网前球和后场球的结合调动马丁。马丁来回跑动，越打越急，龚智超则满场飞奔，如鱼得水。最终龚智超连得3分，抹平差距，并且在3分的加赛中再度连取3分，13比10逆转取胜。

龚智超改变战术后不仅连得6分，还让马丁的体能和耐心消耗殆尽。第二局，马丁状态不佳，龚智超11比3再胜一局，总比分2比0击败马丁，拿到冠军。

中国羽毛球历史上第一个奥运会女单冠军诞生了，颁奖仪式上，龚智超泣不成声。羽毛球生涯的起步阶段,龚智超的父亲一直陪伴着她,但父亲过早离世,未能看到她成为奥运冠军的荣耀时刻。因此,她的眼泪中不仅有一路以来的心酸、有夺冠的喜悦,更饱含对父亲深深的思念。

凤凰涅槃励志路，雅典加冕

1975年出生的张宁，职业生涯早期顺风顺水。她1991年便入选国家队，随后在各项大赛中崭露头角。但天才少女未能一直顺利下去，1994年尤伯杯决赛，她在决胜场次输给当时的印度尼西亚小将、不满15岁的张海丽，导致中国队2比3失利。从那之后，她一直在低谷中挣扎。2003年以前，她甚至都没拿到过世界冠军。

然而，耀眼的光芒终会将阴霾驱散。

2003年世锦赛，张宁在半决赛中战胜了曾经击败自己的张海丽，其中一局更是打出了11比0的比分。随后，她又在决赛中战胜了队友龚睿那，28岁的张宁终于斩获职业生涯首个世界冠军。昔日的天才少女，已然成为老将。在同时代选手陆续退役的情况下，张宁守得云开见月明。

2004年雅典奥运会，张宁首登奥运赛场，她在下半区的征途之中挫折不断。三场比赛中有两场都遭遇三局苦战，29岁的老将体能面临巨大的考验。半决赛中，张宁战胜队友周蜜，挺进决赛，她将与老对手张海丽争夺奥运金牌。

10年前输给张海丽，张宁陷入了职

业生涯漫长的低谷期。10年间,二人曾多次交手,不分伯仲。当地时间8月19日,2004年雅典奥运会羽毛球女单决赛打响,这对宿敌再度隔网而立。

首局张宁8比11输球,但已经有丰富逆转经验的张宁没有慌张。第二局,她利用自己移动快的优势,不断调动张海丽,最终11比6取胜,双方来到决胜局。

此时,两人的体能都近乎透支,但张宁顶了下来。尽管张海丽在5比10落后的情况下奋起反击,张宁还是11比7取胜,总比分2比1击败对手夺冠。

赛后回忆这场鏖战,张宁非常激动:"虽然我也快透支了,但我知道只要坚持住,顶过去,胜利肯定是我的。" **10年前**

输给张海丽的阴霾，终于在2004年这场夺金之战过后烟消云散。29岁在雅典摘金，让张宁成为羽毛球历史上最年长的女单奥运冠军。用张宁的话说，她取得了当初自己不敢想象的成绩。

老骥伏枥再寻梦，奇迹卫冕

  2004年雅典奥运会期间，记者问张宁是否会坚持到2008年北京奥运会，张宁开玩笑地说："那会儿我都33岁了，如果真那样的话，我不成'老妖'了吗？"**时间转瞬来到2008年，自嘲"老妖"的张宁真的坚持到了北京奥运会。**彼时的她，面对伤病和体能的重重考验，争冠前景并不光明。

  在进军决赛的征程中，张宁再次两度遭遇三局苦战。对于一名33岁的老将来说，这样的考验太过残酷。但是坚忍的张宁再次挺了过来，她又一次晋级奥运会羽毛球女单决赛。

这次与她隔网而立的是队友谢杏芳，这也意味着中国队将提前包揽金银牌。谢杏芳还不满27岁，正值职业生涯巅峰期。几乎是从比赛一开始，双方就陷入鏖战。实力接近、彼此了解、决赛氛围加持，让这场比赛打得难分难解。张宁21比12拿下首局，谢杏芳随后便21比10扳平总比分。

　　决胜局张宁一度取得领先，但谢杏芳顽强地将比分追至15平。此时张宁喘着粗气，发丝和衣衫都已被浸湿。她努力找回能量，最终20比17取得赛点。

　　最后一球，谢杏芳回球下网，张宁21比18拿下比赛。她兴奋地一跃而起，随后跪在地上掩面痛哭。

领奖台上,张宁笑中带泪,33岁在奥运会的赛场上实现卫冕,她刷新了自己创造的羽毛球历史上年龄最大的女单奥运冠军的纪录。

若干年后回忆起这次夺冠,张宁依旧心潮澎湃:"我终于再次经受住了伤病的打击、承受住了外界的质疑、顶住了比赛的压力,终于可以给自己的羽毛球生涯画上一个完美的句号了。"

连续两届奥运会获得冠军,33岁诠释永不言弃的奥运精神,张宁以令人尊敬的表现赢得了又一份荣誉——她光荣地成为2008年北京奥运会中国体育代表团在闭幕式上的旗手。当张宁高举五星红旗,用灿烂的笑容迎接全世界的目光之时,她又一次创造了历史——她成为夏季奥运会中国体育代表团第一位女旗手。

"人生没有白吃的苦……要成为一名伟大的运动员,我认为三个方面的特质缺一不可,那就是:坚持、坚忍、坚强!"2021年张宁入选世界羽联名人堂,在接受采访时,她情真意切地说出了这番话,而这番话也恰是她职业生涯最真实的写照。

三十连胜闯奥运，一路封神

2012年伦敦奥运会开始之前，中国羽毛球队面临艰难的抉择。本来，未满21岁的李雪芮在2012年初仅排名世界第九，并不在伦敦奥运会中国体育代表团的羽毛球女单参赛名单之内。但是2012年初，李雪芮开始了一段惊人的连胜之旅，接连获得德国公开赛、全英赛、亚锦赛和印度公开赛的女单冠军。

直到6月份的印尼公开赛，她才遭遇了3个月来的首次失利，**她的连胜也定格在了30场**，世界排名冲到了第三。凭借这段难以置信的表现，李雪芮成功跻身2012年伦敦奥运会中国羽毛球队的女单参赛阵容之中。

但是此时的李雪芮，在外界看来依然不是本届奥运会的夺冠热门选手，她面临着巨大的挑战。

2012年伦敦奥运会羽毛球女单小组赛，李雪芮首战轻松战胜对手。次战，她遭遇西班牙天才少女卡罗琳娜·马林·马丁，最终2比0击败对手。随后李雪芮一路连胜，在半决赛中以2比0的比分淘汰对手，晋级决赛。

李雪芮的神奇之旅还在继续，当地时间8月4日，2012年伦敦奥运会羽毛球女单决赛打响，李雪芮将要迎战的是队友王仪涵，中国队提前包揽金银牌。

　　两名选手上演了羽毛球女单项目最高水平的较量，呈现出让所有人大呼过瘾的精彩对决。首局李雪芮21比15取胜，次局她在17比19落后的情况下连取3分，拿到赛点，但王仪涵在关键时刻顶住了压力，接连挽救两个赛点，23比21取胜，把自己从悬崖边拉了回来。

　　决胜局双方一路激战至17比17，难分伯仲，最后时刻李雪芮用更加凶猛的进攻连得4分，最终21比17拿下决胜局，总比分2比1战胜王仪涵，赢得奥运金牌，国羽

女单实现奥运四连冠。

"可能我打球不传统,很暴力又凶狠,不像个女孩吧。"回顾自己的神奇之旅,李雪芮这样形容她成绩如火箭般蹿升的原因。这枚金牌让李雪芮成为重庆市首位奥运金牌得主,2022年,李雪芮将自己夺冠时所用的球拍捐献给了重庆体育博物馆,助力家乡体育事业发展。

靠勇气冲出低谷，"收复失地"

2012年伦敦奥运会后，中国羽毛球在女单项目中陷入低谷。2016年里约奥运会，李雪芮在半决赛中韧带断裂，悲壮出局，国羽女单奥运连冠戛然而止。

2020东京奥运会，陈雨菲是一号种子选手，也是国羽参加东京奥运会的队伍中年龄最小的运动员。**出征前，她录下了对自己的寄语："遇到任何困难不要轻易放弃，一定要对自己有信心。"**

这句话，恰是她东

京奥运会征程最好的写照。

小组赛，她没有遇到太多挑战，轻松击败对手过关。八强战面对韩国天才少女安洗莹，陈雨菲陷入苦战，两局比赛21比18和21比19的比分，反映了局面的激烈。艰难挺进半决赛的陈雨菲，最终2比1击败队友何冰娇，晋级决赛。

中国羽毛球运动员再次站上了奥运会女单决赛的赛场，陈雨菲即将迎战中国台北选手戴资颖。当地时间8月1日，2020东京奥运会羽毛球女单决赛打响。首局陈雨菲和戴资颖陷入鏖战，激战至17平后，陈雨菲发力，连得2分确立优势，最终21比18赢下一局。次局戴资颖顽强逆转，21比19扳平总比分。

决胜局中,陈雨菲一度建立起10比3的巨大优势,但戴资颖迅速调整了战术,陈雨菲开始出现失误,被对手将分差缩小至1分,场面极其紧张。

随后,陈雨菲努力稳住局势,率先取得赛点,但戴资颖拒绝放弃,将比分追至18比20。最后一球,双方激战了足足45拍,体力近乎透支。随着戴资颖的回球失误,陈雨菲21比18再胜一局,总比分2比1险胜对手,拿到冠军,国羽在女单项目中"收复失地"。**年轻的陈雨菲跪地怒吼庆祝,起身后,她自信地对着镜头展示了胸前的五星红旗。**

此战之后,年轻但无比坚忍的陈雨菲扛起了中国女单的大旗。1年之后的尤伯杯，她再度遭遇韩国选手安洗莹，决胜局在17比20落后的绝境之下，陈雨菲连得5分完成逆转。这场91分钟的鏖战，陈雨菲是带着伤病、缠着绷带赢下来的。比赛结束后，她和安洗莹都累得瘫倒在地上。

"（我）能打到今天，靠的就是我的信念、决心和拼劲，靠的就是不逃避任何困难的勇气，这是我的天赋，我相信我可以做到极致的天赋。"这是陈雨菲对自己的评价，每一次站上赛场，她也都是如此战斗的。

他们是"席卷天下"的"风云组合",坚守三届奥运会,狠狠撕掉男双在国羽阵中的"短板"标签;他们是连造神奇大逆转的"南风组合",让国羽男双再登奥运荣耀之巅。怒吼扣杀之中,国羽男双叱咤羽坛。

第三章

"席卷天下"
——中国羽毛球男双

风云际会

　　1987年和1989年羽毛球世锦赛,李永波与田秉毅搭档,两夺男双世界冠军。然而,自此之后,国羽男双的竞争力每况愈下。羽毛球早已成为奥运会中国体育代表团的王牌项目,男双却一直难有突破,成为国羽最大的短板。

　　蔡赟/傅海峰的组合在这种背景下横空出世,被球迷们称为"风云组合"。蔡赟擅长网前进攻,性格外向,在场上总能

调动起情绪。傅海峰是力量型选手的代表，曾在2005年打出过时速332公里的重炮扣杀，性格内敛。两人技术和性格都非常互补，可谓绝佳组合。

2004年，两人作为新人亮相汤姆斯杯，重任在肩的他们扛住压力，帮助中国羽毛球队时隔14年重夺汤姆斯杯，传奇生涯也就此开启。同年，两人携手上演奥运首秀，在2004年雅典奥运会中止步1/4决赛，为年轻"交了学费"。

2006年羽毛球世锦赛，两人携手夺冠，站上世界之巅，弥补了国羽男双17年来没有世锦赛冠军的遗憾。"风云组合"积蓄了足够的能量，即将到来的2008年北京奥运会，将是他们大展身手的绝佳机会。

2008年北京奥运会男双比赛，二号种子蔡赟/傅海峰一路过关斩将，以一局未丢的战绩成功杀入决赛。站上奥运会决赛的赛场，两人已经创造了国羽男双的历史。

　　万众瞩目的金牌之战在北京时间8月16日正式打响，蔡赟/傅海峰将迎战印度尼西亚组合马尔基斯·基多/亨德拉·塞蒂亚万。首局，蔡赟犀利的封网让对手倍感压力，傅海峰则连续送上重炮扣杀，球拍击中羽毛球的响声在漫天的呐喊声中仍然清脆。最终，蔡赟/傅海峰打出21比12的比分，顺利取得1比0的领先。

　　中国羽毛球男双项目的奥运首金，近在眼前。但老练的基多和塞蒂亚万岂会轻易放弃？他们在随后的比赛中把自己的中前场控制能力彰显得淋漓尽致，细腻的手法和出色的落点控制让"风云组合"无所适从。

21比11、21比16，印尼组合连赢两局完成逆转，蔡赟/傅海峰遗憾摘银。虽然创造了国羽男双奥运最好成绩，但这显然不是两人所想。场边为他们助威的球迷安静下来，蔡赟/傅海峰也难掩沮丧。

主场作战遭遇逆转，无缘奥运金牌"零的突破"，这种打击不言自明。此时，28岁的蔡赟已萌生退意，但年仅25岁的傅海峰彰显了他倔强的一面："如果你退役，那我也不打了。"

叱咤风云

壮志未酬的遗憾，加上与傅海峰搭档多年的情感，让蔡赟回心转意。两人在2008年北京奥运会后，经历了一段艰难的时期，组合甚至一度解体。但最终，"风云组合"回来了。他们重新出发，要在伦敦"收复失地"。

2009年羽毛球世锦赛男双决赛，蔡赟/傅海峰迎战韩国名将郑在成/李龙大，双方携手上演了一场羽毛球历史上"史诗级"的对决。前两局双方战成1比1，决胜局率先取得赛点的蔡赟/傅海峰被对手追平，双方又从20平一路激战至26平，多次挽救赛点，让比赛变成一场"马拉松对决"。此时，国外解说员被"风云组合"的韧性感动，他们学习现场的中国球迷用中文高喊："加油，加油！"

　　最后时刻蔡赟/傅海峰连得2分，28比26拿下决胜局，总比分2比1险胜韩国组合，再夺世界冠军。2009年到2011年，两人携手实现了羽毛球世锦赛男双三连冠的壮举。

　　2012年伦敦奥运会羽毛球男双金牌，

他们志在必得。观众席上,球迷高举"叱咤风云"的标语。一切都顺利得难以置信,蔡赟/傅海峰连续打出五场2比0,势如破竹杀入2012年伦敦奥运会羽毛球男双决赛。

当地时间8月5日,"风云组合"迎战来自丹麦的玛蒂亚斯·鲍伊/卡斯滕·摩根森。蔡赟/傅海峰从开局就气势如虹,一路保持领先。对手虽然奋力追赶,但始终难以翻盘。只用时45分钟,"风云组合"就以21比16和21比15的比分连胜两局,总比分2比0战胜对手。

蔡赟扔下球拍,兴奋地跨越赛场的挡板,狂奔庆祝。傅海峰则跪在场地中抽泣,怒吼着宣泄。随后两人紧紧相拥,这一路有多难只有

他们彼此最清楚。

难的不是决赛,而是两人从2008年北京奥运会刻骨铭心的惜败,到咬牙坚持4年"收复失地";是中国羽毛球队终于实现男双奥运金牌"零的突破"。

正如球迷曾打出的标语:"云从龙,风从虎,风云合璧,席卷天下。""风云组合"实现了"席卷天下"的目标。同时,中国羽毛球队也在2012年伦敦奥运会实现了前所未有的包揽五金的壮举。

峰回路转

  2016年里约奥运会备战周期，中国羽毛球队重组男双，傅海峰的搭档换成了张楠。"风云"散了，"南风"来了。尽管已是老将，但傅海峰拒绝英雄迟暮式的悲壮。他仍像年轻时那样存在感十足，他的重炮扣杀依旧令人激情澎湃。2016年里约奥运会，傅海峰第四次踏上奥运会的赛场。

  此时，"南风组合"不再是一号种子。

1/4决赛面对韩国组合金沙朗/金基正,傅海峰/张楠先是在前两局与对手战平,后又在决胜局2比10落后。面对几乎无可挽回的困局,他们没有放弃,一球一球地拼,一分一分地追。

20比18,韩国组合率先拿到赛点。**但此时的傅海峰依旧毫无惧色,四战奥运会,职业生涯绵延十几载,一路咬牙坚持过来的傅海峰什么场面没见过?** 反倒是韩国组合没有顶住压力,先慌了。他们先是出现低级的发球失误,随后又回球出界。从2比10到20比20,"南风组合"挽救赛点,"起死回生"。

关键时刻,傅海峰以一次中场的扣杀取分和一次神奇的发球得分彻底改变了局势。伴随着韩国组合回球下网,单局24比22,总比分2比1,"南风组合"不可思议地赢了!

赢下荡气回肠的逆转之战,傅海峰再次跪地怒吼。随后,"南风组合"高歌猛进,杀入决赛。当地时间8月20日,2016年里约奥运会羽毛球男双决赛打响。面对马来西亚组合吴蔚昇/陈蔚强,"南风组合"再演逆转之战。

前两局他们依旧是先输一局,随后扳平,先拿到赛点的依旧是对手,但戏剧性的场面也再次出现。马来西亚组合在20比19和21比20领先时,都出现了发球失误。

双方战至21平后,马来西亚组合又因

失误连丢2分。决胜局23比21，总比分2比1，更加坚忍的"南风组合"拿下了奥运冠军！

夺冠后，傅海峰跪地掩面庆祝，四战奥运会，三次杀入决赛，两夺奥运金牌，他书写了一段传奇。

2017年，傅海峰宣告退役，"云"已经散了，"风"也停了，"风云组合"永远地成为历史。与他们一起被铭记的，还有那份扎实的努力、无畏的拼劲。

葛菲/顾俊两届奥运会八场全胜，连续演绎属于奥运会的不败夺冠神话，也埋下了国羽女双辉煌的伏笔。奥运五连冠、包揽冠亚季军、让三面五星红旗同时高高飘扬，国羽女双以极致的统治力纵横四海，创造了无数震惊世人的壮举。

第四章

纵横四海
——中国羽毛球女双

中国羽毛球奥运第一金

1992年，羽毛球被列为奥运会正式比赛项目。当届奥运会，中国羽毛球队拿到1银4铜。女双赛场，中国组合关渭贞/农群华1比2不敌韩国组合郑素英/黄惠英，遗憾摘银。这枚银牌奠定了中国羽毛球女双发展的基础，1996年亚特兰大奥运会，女双被视作夺金点。

葛菲和顾俊搭档多年,成绩在同年龄段的选手中非常突出,奥运冲金的契机之下,她们成功入选国家队。1996年亚特兰大奥运会,葛菲/顾俊是女双项目的夺金热门选手。前三轮比赛,她们没有遭遇任何阻碍,以三个2比0的比分轻松过关,闯入决赛。

决赛中,葛菲/顾俊的对手是来自韩国的吉永雅/张惠玉,后者在半决赛中经历苦战,2比1险胜中国队的另外一对选手秦艺源/唐永淑(后改名为唐鹤恬)。

葛菲/顾俊曾多次与这对韩国组合交手,双方互有胜负。大战开始之前,葛菲罕见地失眠了,她甚至服用了半粒安眠药才勉强入睡。带着压力,她们迎来了决赛日。

吉永雅/张惠玉体力充沛、作风顽强，回忆起此前与她们的对决，葛菲开玩笑说："（比赛到最后）我站在场上两个脚都冒火，我一看到球来头都晕了，（心想）怎么又来了。"

决赛日当天早上，为了应对韩国选手惊人的体能，葛菲在吃早餐时特意将面条改成了牛排。然而，决赛的进程没有两位选手想象的那么困难，葛菲的牛排根本没有派上用场。

当地时间7月31日，1996年亚特兰大奥运会羽毛球女双决赛打响，面对韩国组合吉永雅/张惠玉，葛菲/顾俊没有给对手任何机会，两局比赛均15比5取胜。

两人强大的攻击力让韩国组合根本无

法应对，比赛出现一边倒的局面，仅持续40分钟便宣告结束。**葛菲/顾俊用默契的配合和过人的实力，将对手击败。**

葛菲/顾俊携手拿下的女双金牌，成为中国羽毛球队历史上首枚奥运金牌，中国女双也就此在奥运会中开始了金光闪闪的连冠征途。

"统治时代"来临

　　以1996年亚特兰大奥运会夺冠为起点，至2000年悉尼奥运会前，长达4年的时间，葛菲/顾俊彰显了惊人的统治力，在与外国选手对垒的比赛中保持不败。

　　在此期间，她们在世锦赛、亚运会和苏迪曼杯等大赛中所向披靡，成为不折不扣的世界女双第一组合。然而让人诧异的是，两位在球场上完美配合的球员，在生活中却很少交流。她们更多的是依靠多年来在训练和比赛中积累的默契，只要一个眼神或一个动作，彼此就能瞬间明白其中的含义。

　　2000年悉尼奥运会，两人以无敌的姿

态踏上了赛场。这届比赛也成为中国羽毛球女双大获全胜的一届比赛。

连续两场2比0的速胜，让葛菲/顾俊站在了2000年悉尼奥运会羽毛球女双半决赛的赛场上，与她们隔网而立的是同样来自中国的秦艺源/高崚。另外一组半决赛，中国组合杨维/黄楠雁对阵韩国组合罗景民/郑在喜。

四强中赫然出现三对中国组合，将中国羽毛球女双的整体实力彰显无遗。

半决赛面对秦艺源/高崚，葛菲/顾俊再度2比0取胜，她们在决赛中的对手是队友杨维/黄楠雁，中国羽毛球队提前包揽冠亚军。

当地时间9月21日，2000年悉尼奥运

会羽毛球女双决赛打响,在一场中国选手之间的较量中,老练的葛菲/顾俊没有给对手任何机会。她们重演了1996年亚特兰大奥运会夺冠的一幕,以两个15比5的比分击败对手,成功卫冕。赛后,两人紧紧拥抱,庆祝这个激动人心的时刻。

三四名决赛中,中国组合秦艺源/高崚2比0战胜韩国组合罗景民/郑在喜。

至此，中国女双实现了在奥运会上包揽金银铜牌的壮举。颁奖仪式上，三面五星红旗徐徐升起，奥运赛场上又一次出现了让人热血澎湃的画面。葛菲/顾俊手持国旗站在领奖台最中间，六名缔造了辉煌时刻的羽毛球女将微笑着簇拥在一起合影。

再度包揽冠亚军

葛菲/顾俊逐渐淡出后,中国羽毛球队在女双项目中的优势略有下降。2002年釜山亚运会,韩国组合罗景民/李敬元让中国羽毛球队吃了大亏,她们在半决赛中击败杨维/黄楠雁,在决赛中又战胜高崚/黄穗,连克两对中国组合,斩获亚运会冠军。

此时距离2004年雅典奥运会仅剩不到两年时间，国羽当机立断，选择重组女双，将杨维/黄楠雁和张洁雯/魏轶力两对组合拆开。技术全面的杨维与进攻犀利的张洁雯搭档，形成全新的女双组合。

　　国羽制造的"秘密武器"果然起到奇效，虽然配对时间不长，但是杨维/张洁雯很快彰显出非凡的实力。当地时间8月14日，2004年雅典奥运会羽毛球女双比赛正式打响。一号种子杨维/张洁雯首轮轮空，她们在随后两轮比赛中连续取胜。半决赛，真正的挑战来了。横亘在中国女双"秘密武器"面前的是超级组合罗景民/李敬元。

　　关键的大战，一触即发。

　　然而，人们预想中的"火星撞地球"

般的对决并未出现,备受期待的宿敌之战竟然变成了一边倒的比赛。杨维/张洁雯展现了超强的攻击力,让韩国组合无力招架。最终,罗景民/李敬元以6比15和4比15的比分连输两局,总比分0比2败给杨维/张洁雯。

取胜之后,杨维/张洁雯在决赛中的对手是高崚/黄穗,两对国羽组合成功会师,国羽女双连续两届奥运会包揽冠亚军。**女双决赛的进程要艰苦许多,杨维/张洁雯在先丢一局的情况下,以15比4和15比8的比分连胜两局,最终2比1逆转取胜,拿下奥运金牌。**

中国羽毛球女双实现了奥运会三连冠,杨维/张洁雯的稳定表现,让人们想起了她们的前辈葛菲/顾俊。从"秘密武器"到奥运冠军，不到两年时间，她们不断攀升，让中国羽毛球女双成为常胜之师。

必须完成的任务

2008年北京奥运会,杨维/张洁雯依旧是国羽最强女双组合。羽毛球女双比赛,她们以头号种子的身份出征,却在八强战中意外输球。面对首局21比8大胜,第二局19比17领先、再赢2分就能拿下比赛的大好局面,杨维/张洁雯遭遇日本组合前田美顺/末纲聪子的逆转,最终爆冷出局。

作为国羽在上半区的"独苗",两人的出局也宣告中国羽毛球无缘连

续三届奥运会包揽女双金银牌。压力给到了剩下的两对中国女双组合杜婧/于洋和魏轶力/张亚雯。她们成功会师半决赛,最终杜婧/于洋技高一筹,挺进决赛,等待两人的是老对手、韩国名将李敬元/李孝贞。

此前的全英赛,杜婧/于洋正是在决赛中输给了这对韩国组合,遗憾摘银。那场比赛结束之后,因为轻敌输球的杜婧认真反思:"如果再遇到她们,我们肯定会做好更困难的准备,不会一味想着肯定能赢她们。"

2008年北京奥运会羽毛球女双决赛,杜婧/于洋迎来了再次对战这对韩国组合的良机。

8月15日,决赛打响。杜婧/于洋开局

就全力展开攻势,双方战得难解难分,首局后半段,杜婧/于洋拉开分差,21比15拿下胜利,总比分1比0领先。

第二局比赛更加惊心动魄,韩国组合开局发力,半节取得11比9的领先。但年轻的杜婧/于洋丝毫没有畏惧,在全场观众的助威声中,两人愈战愈勇,韩国组合却频频出现失误。随后,彻底打出状态的杜婧/于洋连得7分,20比12拿到赛点。

此时,一直在教练席紧张观战的李永波才稍稍放松下来,他面露笑容,站起身做出"加油"的动作,为两名小将送上鼓励。

最终,杜婧/于洋21比13再胜一局,总比分2比0击败对手,拿下冠军。杜婧倒地仰天怒吼庆祝，于洋则紧紧抱住教练。在头号种子杨维/张洁雯出局的情况下，两位小将拒绝让女双金牌旁落，国羽女双实现奥运四连冠。

赛后，于洋非常激动："拿下女双金牌，这是我们必须完成的任务。"

女双盛世五连冠

2012年伦敦奥运会，中国羽毛球队整体实力到达巅峰，具备了冲击全部五个单项冠军的实力，女双金牌自然成为国羽必须争夺的荣誉。

此时，田卿/赵芸蕾组合脱颖而出，她们延续了国羽在女双项目中的统治力。虽然在小组赛中意外地输掉了一场比赛，但是进入淘汰赛后，她们连续两场比赛都横

扫对手，毫无悬念地挺进决赛。

决赛的前一天，赵芸蕾与搭档张楠拿下混双冠军。连续两天在决赛激战，这对赵芸蕾的体能是一个极大的考验。

当地时间8月4日，2012年伦敦奥运会羽毛球女双决赛打响。中国组合的对手是来自日本的藤井瑞希/垣岩令佳组合。首局，田卿/赵芸蕾延续了势不可挡的状态，21比10轻松取胜，总比分1比0领先。随后双方陷入鏖战之中，激战至19比19后，每当中国组合拿到赛点，日本组合总能顽强扳平，双方一路战至23平。

关键时刻，赵芸蕾连续两次在网前觅得良机，中国组合连取2分。最终，田卿/赵芸蕾25比23惊险取胜，总比分2比0击败日本组合，拿下冠军。

夺冠之后，两人紧紧拥抱在了一起，她们延续了国羽女双的奥运连冠壮举。自1996年亚特兰大奥运会到2012年伦敦奥运会，连续五届奥运会羽毛球女双的金牌都没有旁落，中国羽毛球队在这个时间段的女双项目中成为战无不胜的"梦之队"。

2012年伦敦奥运会，中国羽毛球队也迎来了更为辉煌的时刻——包揽全部五个单项的金牌，实现前所未有的壮举。然而，伦敦奥运会之后，中国女双逐渐失去了战无不胜的统治力。2016年里约奥运会，国羽在女双项目中未能拿到奖牌。

尽管短暂地陷入低谷，但正如前辈们不断奋进、走上巅峰的征程一样，中国羽毛球队的后起之秀们也在低谷中积蓄力量。2020东京奥运会，中国女双组合陈清晨/贾一凡闯入决赛，拿到银牌，两人在世界大赛中屡次拿到好成绩，成为国羽女双复兴的希望所在。

他们是"逆转之王"张军/高崚,以微笑应对挑战,蝉联奥运会羽毛球混双冠军。张楠/赵芸蕾、徐晨/马晋、王懿律/黄东萍、郑思维/黄雅琼……他们都是中国羽坛的英雄人物,让国羽混双两度包揽奥运会金银牌,也让中国德比惊艳奥运赛场。

第五章

披荆斩棘
——中国羽毛球混双

"逆转之王"，一战扬名世界

1996年亚特兰大奥运会，羽毛球混合双打成为正式比赛项目，中国组合刘坚军/孙曼摘下一枚铜牌。

1999年，中国羽毛球队选择让高崚和张军组成混双组合。女选手高崚拥有过硬的心理素质，无论场上局面多么困难，她都能保持乐观。高崚网前技术出色，头脑清醒，是不可多得的羽毛球双打人才。而张军则拥有出色的力量，他进攻非常

凶狠，拥有"一板杀球"的看家本领，被称为"张一板"。高崚右手持拍、张军左手持拍，一左一右相得益彰，两人的风格也非常契合。

配对不久，张军/高崚就成为国羽的重点培养对象，获得了参加2000年悉尼奥运会的机会。**虽然只是赛会的七号种子，但两人一路过关斩将，杀入决赛，成为中国羽毛球队最大的惊喜之一。**

当地时间9月21日中午，2000年悉尼奥运会羽毛球混双决赛即将打响，心理素质超群的高崚却还在房间里呼呼大睡。张军和教练在约定地点等了她半天，却迟迟等不到人。张军着急地跑到她房间敲了半天门，她也没听见。最后实在没有办法，张军直接推门进去,才把她叫醒,两人差点错过比赛。大战将至,高崚却一点都不紧张。

决赛中,张军/高崚的对手是印度尼西亚名将许一敏/特里库斯,年轻的中国组合此前与这对印尼组合交手均以失败告终。

首局比赛,许一敏/特里库斯再次发挥出经验丰富、技术细腻的优势,屡次用各种各样的假动作骗过张军/高崚,牢牢控制住了场上局面。最终,他们迅速地以15比1的悬殊比分先下一城。

然而,张军/高崚并没有被打倒。次局,他们重整旗鼓,将节奏放缓,依靠年轻、体力充沛的优势,耐心地跟对手打多拍。调整战术后,他们15比13险胜,扳回一局。

第三局,胜利的天平已经发生倾斜。背负压力的印度尼西亚组合体能逐渐透支,张军/高崚却还是在不断地积极跑动,张军在后场一次次起跳扣杀,高崚在前场不断寻求进攻机会。15比11,张军/高崚拿下决胜局,以黑马的姿态逆转夺冠,创造了奥运会历史上的经典之战。

"微笑组合",
奥运不败王者

横空出世的小将组合,一战震惊世界,张军/高崚也因此成为全世界混双选手瞄准的对象。2004年雅典,两人再战奥运会,要面临的困难不言自明。

因为体形偏胖,张军在备战时需要拼命控制体重,运动员食堂里的许多菜他都不能吃,即便嘴馋,他也得忍住。更大的挑战来自外部,韩国组合金东文/罗景民实力突飞猛进,在正面交锋中多次战胜张军/高崚,成为张军/高

峻最大的对手。不仅如此，张军/高崚还经历了一段低谷期，多次输掉一些重要比赛。因此，踏上2004年雅典奥运会的征程，两人并没有十足的把握卫冕。

前三场比赛，张军/高崚的表现都非常稳健，他们展现出了上届冠军的风采，三场全部2比0横扫对手，最终站在了决赛的赛场上。

而与此同时，本届奥运会头号种子韩国组合金东文/罗景民在1/4决赛中意外输球，张军/高崚最强的对手出局了。

决赛中，张军/高崚的对手是来自英国的内森·罗布森/盖尔·埃姆斯组合。

决赛的走势与2000年悉尼奥运会太过相似，但张军/高崚的角色变了。首局两人15比1轻松取胜，次局对手15比12扳平总比分。

局间休息，张军心里咯噔一下。4年前，他们1比15先输一局，随后连赢两局逆转，此番他们15比1先赢一局，不会成为对手逆转的背景板吧？

决胜局，两人打得还是不轻松，双方比分紧咬，场面极其激烈。但即使面对如此困难的情况，张军/高崚的脸上依旧挂着微笑，不断互相鼓励。赛后接受采访时，张军坦言："其实我们是想给对方减轻压力，比如我失误的时候，她笑一下，就让我感觉没事，不要紧，她失误的时候我也跟她讲，没关系，再来，没问题的。"

最终，他们以15比12的比分拿下决胜局，总比分2比1取胜，加冕2004年雅典奥运

会羽毛球混双冠军，成为历史上首对蝉联奥运会冠军的羽毛球混双组合。

　　张军/高崚不仅拥有出类拔萃的技战术能力，更拥有极其强大的心理素质。鏖战之中，他们微笑应对；困境之下，他们鼓励彼此。正是这种在任何时候都稳定的情绪和心态，让他们成为奥运赛场上的不败王者。

强势归来，"双保险""收复失地"

2006年，为了应对新的规则和形势，中国羽毛球队对混双组合进行了重组，张军/高崚就此解散。此后，国羽混双曾陷入短暂的低谷，但后备力量很快就顶了上来，张楠/赵芸蕾组合就是其中的代表。

张楠/赵芸蕾搭档时间不长，成绩却非常辉煌。2012年伦敦奥运会前，他们已经收获了世界羽联超级系列赛总决赛和世锦赛的混双冠军，成为伦敦奥运会的头号种子。

另外一对中国组合徐晨/马晋，则是赛会二号种子。两对组合携手出战，承载

着中国羽毛球队在混双项目"收复失地"的希望。

　　小组赛，两对中国组合都未遇到阻碍，均以3战全胜的成绩轻松晋级。半决赛，张楠/赵芸蕾遇到考验，他们的对手是曾多次战胜中国组合的丹麦名将约金·费舍尔·尼尔森/克里斯汀娜·彼得森。比赛中，张楠/赵芸蕾先丢1局，面对极端不利的情况，两人顶住压力，以21比17和21比19的比分连胜两局，总比分2比1逆转对手，晋级决赛。在同时进行的另一场混双半决赛中，中国组合徐晨/马晋也晋级决赛，国羽成功"收复失地"，将2012年伦敦奥运会羽毛球混双项目金银牌收入囊中。

　　金牌争夺战成为中国选手的德比战。

首局，张楠/赵芸蕾表现出色，仅耗时18分钟便以21比11的比分先下一城。次局，张楠/赵芸蕾一度打出8比0的得分高潮，再度奠定胜局，但徐晨/马晋拒绝放弃，两人一路追击，给张楠/赵芸蕾制造了不小的麻烦。

　　比分来到19比17，关键时刻，仅剩2分领先优势的张楠/赵芸蕾连下2分，21比17再胜一局，总比分2比0击败队友，拿到奥运金牌。

夺冠之后，两人非常激动，赵芸蕾一边跳着一边呐喊庆祝，张楠则紧握双拳躺倒在地上。随后，两人紧紧地拥抱在了一起，更加兴奋的张楠甚至还跑向观众席，将自己的战靴抛了出去。

接连拿到世锦赛和奥运会羽毛球混双冠军，张楠/赵芸蕾可谓横空出世，2012年伦敦奥运会的赛场见证了中国羽毛球混双新王牌的诞生。

扬威东京，
国羽混双辉煌继续

2016年里约奥运会，张楠/赵芸蕾和徐晨/马晋再度携手杀入羽毛球混双半决赛，但两对中国选手都遗憾止步，无缘决赛，国羽混双遭遇短暂低谷。不过随后，新人辈出的局面再度出现。2020东京奥运会的赛场，国羽混双强势反弹，又一次缔造辉煌。

凭借在2020东京奥运会前的出色发挥，郑思维/黄雅琼和王懿律/黄东萍两对组合，分别以一号种子和二号种子的身份，出战奥运会羽毛球混双比赛。

两对组合携手进入半决赛，王懿律/

黄东萍率先登场，面对东道主日本的组合渡边勇大/东野有纱，中国组合遭遇了争议判罚。首局双方战成19平时，东野有纱疑似过网击球犯规，但是裁判没有任何判罚，日本组合拿到了具有争议的1分，最终王懿律/黄东萍21比23遗憾丢掉首局。

但两名年轻人没有被挫折绊倒，他们在之后的比赛中强势反弹，连续送上精彩的扣杀，让日本组合难以招架，最终以21比15和21比14的比分连胜两局，总比分2比1逆转晋级决赛。

随后登场的郑思维/黄雅琼也同样取胜晋级，国羽混双再次实现包揽奥运金银牌的壮举。

当地时间2021年7月30日，东京奥运

会羽毛球混双决赛打响。中国的两对组合轻装上阵，上演了一场精彩的对决。双方在前两局比赛中各下一城，在决胜局也打得难解难分，一路从1比1战至14比14。随后，王懿律/黄东萍打破僵局，保持着微弱的领先优势，20比17率先拿到赛点。但郑思维/黄雅琼没有放弃，他们连追两分，将比分扳到19比20。关键时刻，郑思维回球出界，王懿律/黄东萍21比19再胜一局，总比分2比1险胜对手夺冠。

颁奖仪式上，王懿律和黄东萍互相为对方戴上了金牌。两人也给予了郑思维/黄雅琼很高的评价："有了他们，才有我（们）一直追赶的目标。"

国羽混双正是在这样的良性竞争中

不断进步，新的奥运周期，郑思维/黄雅琼保持着极佳的状态，两人力争弥补东京奥运会留下的遗憾。

自张军/高崚首夺奥运冠军以来，尽管偶有低谷，但绝大多数时间里，国羽混双都在奥运赛场保持着极强的竞争力。人才辈出的国羽混双，已然成为一支实力强劲的"王牌之师"。

致敬
奥运会英雄谱

八次奥运会之旅,中国羽毛球队留下了无数耀眼的瞬间。2000年悉尼奥运会三面五星红旗同时升起、2012年伦敦奥运会包揽五金、中国女双奥运会五连冠……谨以英雄谱致敬一代代在低谷里卧薪尝胆,在挫折中勇毅前行,在巅峰时再续辉煌的中国羽毛球人。

1992 年巴塞罗那奥运会		
关渭贞 / 农群华	女子双打	银牌
黄华	女子单打	铜牌
唐九红	女子单打	铜牌
李永波 / 田秉毅	男子双打	铜牌
林燕芬 / 姚芬	女子双打	铜牌

1996年亚特兰大奥运会

葛菲/顾俊	女子双打	金牌
董炯	男子单打	银牌
秦艺源/唐永淑（后改名为唐鹤恬）	女子双打	铜牌
刘坚军/孙曼	混合双打	铜牌

2000年悉尼奥运会

吉新鹏	男子单打	金牌
龚智超	女子单打	金牌
葛菲/顾俊	女子双打	金牌
张军/高崚	混合双打	金牌
杨维/黄楠雁	女子双打	银牌
夏煊泽	男子单打	铜牌
秦艺源/高崚	女子双打	铜牌

2004年雅典奥运会

张宁	女子单打	金牌
杨维/张洁雯	女子双打	金牌
张军/高崚	混合双打	金牌
高崚/黄穗	女子双打	银牌
周蜜	女子单打	铜牌

2008年北京奥运会

林丹	男子单打	金牌
张宁	女子单打	金牌
杜婧/于洋	女子双打	金牌
谢杏芳	女子单打	银牌

蔡赟 / 傅海峰	男子双打	银牌
陈金	男子单打	铜牌
魏轶力 / 张亚雯	女子双打	铜牌
何汉斌 / 于洋	混合双打	铜牌

2012 年伦敦奥运会

林丹	男子单打	金牌
李雪芮	女子单打	金牌
蔡赟 / 傅海峰	男子双打	金牌
田卿 / 赵芸蕾	女子双打	金牌
张楠 / 赵芸蕾	混合双打	金牌
王仪涵	女子单打	银牌
徐晨 / 马晋	混合双打	银牌
谌龙	男子单打	铜牌

2016 年里约奥运会

谌龙	男子单打	金牌
傅海峰 / 张楠	男子双打	金牌
张楠 / 赵芸蕾	混合双打	铜牌

2020 东京奥运会

陈雨菲	女子单打	金牌
王懿律 / 黄东萍	混合双打	金牌
谌龙	男子单打	银牌
刘雨辰 / 李俊慧	男子双打	银牌
贾一凡 / 陈清晨	女子双打	银牌
郑思维 / 黄雅琼	混合双打	银牌

截至 2020 东京奥运会结束

羽毛球小百科

☆历史与机构

现代羽毛球运动起源于印度，形成于英国。1992年，在巴塞罗那奥运会上，羽毛球被列为正式比赛项目。羽毛球运动在全球的最高组织机构是羽毛球世界联合会，简称世界羽联，在中国的最高组织机构是中国羽毛球协会。

☆场地与装备

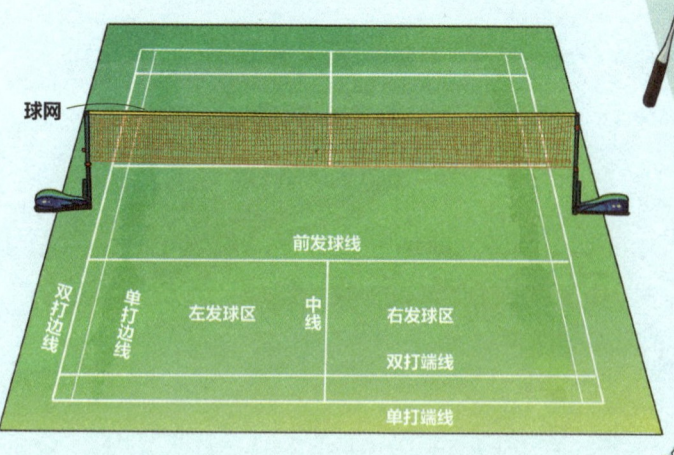

球网　前发球线　双打边线　单打边线　左发球区　中线　右发球区　双打端线　单打端线

☆ 赛事与项目

世界羽毛球重要赛事包括奥运会羽毛球比赛、世界羽毛球锦标赛、世界羽毛球男子团体锦标赛(汤姆斯杯)、世界羽毛球女子团体锦标赛(尤伯杯)和世界羽毛球混合团体锦标赛(苏迪曼杯)等。奥运会羽毛球比赛包含男子单打、女子单打、男子双打、女子双打和男女混合双打五个项目。

本书所有数据统计截至2024年巴黎奥运会开赛前。

图书在版编目（CIP）数据

中国羽毛球 / 柳建伟主编 . -- 北京：北京时代华文书局，2024.7.
ISBN 978-7-5699-5571-2

Ⅰ . K825.47

中国国家版本馆 CIP 数据核字第 20247AQ082 号

Zhongguo Yumaoqiu

出 版 人：	陈 涛
总 策 划：	董振伟 直笔体育
责任编辑：	马彰羚
执行编辑：	黄娴懿 孙沛源
特邀编辑：	李 天 王 婷
责任校对：	畅岩海
装帧设计：	程 慧 迟 稳 孙丽莉
插画绘制：	樊唯玮
责任印制：	訾 敬

出版发行：北京时代华文书局 http://www.bjsdsj.com.cn
　　　　　北京市东城区安定门外大街 138 号皇城国际大厦 A 座 8 层
　　　　　邮编： 100011　电话： 010-64263661　64261528

印　　刷：	三河市嘉科万达彩色印刷有限公司		
开　　本：	787 mm×1092 mm 1/32	成品尺寸：	130 mm×190 mm
印　　张：	3.75	字　　数：	36 千字
版　　次：	2024 年 7 月第 1 版	印　　次：	2024 年 7 月第 1 次
定　　价：	29.80 元		

版权所有，侵权必究
本书如有印刷、装订等质量问题，本社负责调换，电话： 010-64267955。

《中国骄傲》系列图书编委会

主　　编：柳建伟

编　　委：王晓笛　李西岳　杨海蒂　宋启发
　　　　　张洪波　张　垫　陈怀国　董振伟

特邀顾问：丁　宁　邓琳琳　许海峰　郑姝音
　　　　　赵　帅　徐梦桃　傅海峰　魏秋月

特邀专家：王　姗　王　海　江斌波　安　静　李尚伟
　　　　　李　震　何晓文　庞　毅　崔　莉　魏旭波

（按姓氏笔画排序）

写在前面

《中国骄傲》，如何诞生？

1984年洛杉矶夏季奥运会，许海峰一声枪响震惊世界，为中国体育代表团摘得奥运首金。自1984年起，中国体育代表团已经全面参加十届夏季奥运会，中国一步步成长为世界竞技体育强国。在这个过程中，中国体育健儿留下了无数值得铭记的经典瞬间。中国体育健儿的赛场故事，是动人、励志、具有感染力的；中国体育的荣誉瞬间，是辉煌、耀眼、增强民族自信心、提升民族自豪感的……

光阴似箭，40年已过，2024年，又是一个"奥运年"。值此之际，我们希望有一套图书可以传承中国体育的拼搏精神，可以让孩子们铭记动人的体育英雄故事，可以帮助孩子们树立正确的价值观、选择合适的励志榜样……《中国骄傲》系列图